Jörg Homering-Elsner (geb. 1967) sammelt schon seit Jahren verunglückte Lokalmeldungen aus ganz Deutschland und veröffentlicht sie auf seiner Facebook-Seite »Perlen des Lokaljournalismus«. Er arbeitet als Lokalredakteur bei einer Tageszeitung im Münsterland.

Ralf Heimann (geb. 1977) hat 2010 mit einem Tweet über einen Blumenkübel in Neuenkirchen ein Internet-Phänomen ausgelöst. Im Jahr 2013 hat er den Roman »Die tote Kuh kommt morgen rein« veröffentlicht, in dem es um einen Journalisten geht, der aufs Land versetzt wird. Ralf Heimann verdient sein Geld als freier Journalist und Autor.

Ralf Heimann
Jörg Homering-Elsner

Zentralfriedhof wie ausgestorben

Perlen des Lokaljournalismus

Wilhelm Heyne Verlag
München

Penguin Random House Verlagsgruppe FSC® N001967

3. Auflage
Originalausgabe 01/2019

Copyright © 2018 by Wilhelm Heyne Verlag, in der Penguin Random House Verlagsgruppe GmbH
Der Wilhelm Heyne Verlag, München, ist ein Verlag in der Penguin Random House Verlagsgruppe GmbH,
Neumarkter Straße 28, 81673 München
Printed in Slowakia
Umschlaggestaltung und Motiv: Hauptmann & Kompanie Werbeagentur, Zürich
Satz: Satzwerk Huber, Germering
Druck und Bindung: Print Consult, München
ISBN: 978-3-453-60482-7

www.heyne.de

Vorwort

Drei Jahre sind vergangen seit unserem ersten Buch, und wir haben noch immer nicht aufgehört, uns zu wundern. Die Facebook-Seite „Perlen des Lokaljournalismus" ist um weitere 120.000 auf fast 300.000 Fans gewachsen. Der Seminarleiter einer Journalisten-Akademie hat uns erzählt, dass die „Perlen des Lokaljournalismus" inzwischen zum Unterrichtsstoff gehören. Und es kommen weiterhin täglich Nachrichten mit Ausschnitten aus der Lokalzeitung an, die so wohl nie hätten erscheinen sollen.

Aus mehreren Tausend Einsendungen haben wir die besten 200 Perlen herausgesucht. Und schon das war ein großer Spaß. Jetzt wollen wir euch aber gar nicht länger auf die Folter spannen.

Viel Spaß mit den neuen Perlen des Lokaljournalismus!

Ralf Heimann und Jörg Homering-Elsner

Zwei Frauen schwer verletzt

A5: Unfallfahrer nimmt Reis aus

Unfassbar. Ein Verkehrssünder schneidet einen Pkw, die Frau am Steuer verliert die Kontrolle über ihren Wagen und fährt ein drittes Fahrzeug, bevor sie schwer verletzt mit dem Auto in der Planke steckenbleibt. Auch ihre Beifahrerin wird verletzt. Der Unfallverusacher macht sich aus dem Staub.

1 Kommentar   12.06.2016

…und haut App.

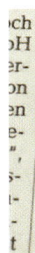

Eine Sanierung der Freiherr-vom-Stein-Grundschule wäre zu teuer, deshalb soll sie neu gebaut und dann abgerissen werden.

Und danach will man sich Gedanken darüber machen,
welches Vorgehen am klügsten wäre.

Kinderflohmarkt

Kinder verkaufen statt wegzuwerfen

BAD SAULGAU (sz) - Es wäre doch schade, gebrauchsfähige Spiel-, Musik-, Sportsachen oder Bücher einfach wegzuschmeißen. Der Bad Saulgauer

Irgendwer kann sie ja oft später noch gebrauchen.

> **Bauarbeiten auf Troisdorfer S...**
>
> Wegen Bauarbeiten und der Auf- stellung eines Kranwagens muss die Eremitenstraße in Troisdorf- Sieglar, in der es trotz des Na- mens mehrere Häuser und viele Bewohner gibt, am Donnerstag, 15. Dez... mündun... ganztäg... Umleitu... straße, Kolpings...

Die Umleitung erfolgt über die Schmale Straße. Dort ist die Durchfahrt trotz des Namens problemlos möglich.

Drei vermisste Kinder haben Polizisten wiedergefunden und den Eltern übergeben.

Die Eltern der Polizisten hatten sich große Sorgen gemacht.

22-Jährige aus Plochingen wieder aufgetaucht - Polizei - Eßlinger Zeitung

esslinger-zeitung.de

Die junge Frau gab an, ihr habe das Wasser bis zum Hals gestanden. Deswegen sei sie drei Tage lang untergetaucht.

Navi und Digicam liess er zurück

Mann rettet 15 Kisten Bier aus brennendem Auto

Dem eintreffenden Polizisten bietet sich ein aberwitziges BILD: Der Ford Galaxy steht in Flammen, doch das Bier befindet sich säuberlich gestapelt in Sicherheit.

Als das Bier in Sicherheit war, rettete der Mann seine Familie.

Westfalenpost Siegen
5 Minuten · ⊖

Der Bürgermeister hat die runderneuerte Rutsche im Freizeitbad Netphen freigegeben – aber ohne Badehose 😊

Natürlich ohne Badehose. Die bremst doch nur.

untergebracht wurde.

11.03 Uhr: Die Polizei hat eine wichtige Bitte: Fotos und Videos vom Tatort sollen nicht verbreitet werden. Sie könnten dem Geiselnehmer helfen.

11.02 Uhr: Die Polizei hat jetzt Kontakt zu dem Geiselnehmer und versucht ihn zur Aufgabe zu bringen.

10.42 Uhr: Fotos vom laufenden Einsatz in Pfaffenhofen finden Sie hier.

10.31 Uhr: Der Täter soll laut Polizei 28 Jahre alt sein.

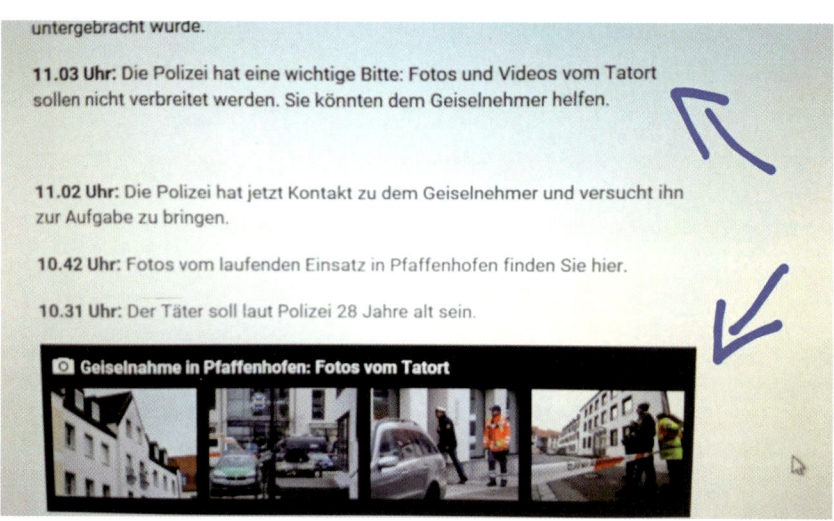

Außerdem bittet die Polizei darum, die genaue Adresse des Tatorts (Hauptplatz 22) nicht bekannt werden zu lassen.

Aue-Wingeshausen. Vier Worte machen klar, warum: „Der Bedarf war einfach da", sagt der Vorsitzende des Dorfvereins Aue-Wingeshausen. Gemeinsam mit Tina Scheffler

Der Dorfvereins-Vorsitzende ist bekannt dafür, dass er gern mal fünfe gerade sein lässt.

Politikerin will Todesstrafe für Selbstmord-Attentäter

Eine ehemalige UKIP-Politikerin will Terroristen, die sich in die Luft sprengen, mit dem Tod bestrafen.

Und das werden auch Selbstmord-Attentäter nicht riskieren wollen. Die sind ja nicht lebensmüde.

Exhibitionist zeigte sich vor Blindem

Polizei nimmt Vorbestraften fest

BONN. Gegen 22 Uhr hat die Polizei am Montagabend einen Exhibiti...

Doppeltes Pech. Aus Wut über seine Festnahme provozierte er eine Anzeige wegen Beamtenbeleidigung. Aber der Polizist war gehörlos.

Ohne Fahrerlaubnis und unter Drogen, aber mit "Polenböllern"

Weida. Am Freitag, gegen 21:40 Uhr wurde der Fahrer eines Citroen in Weida durch Polizeibeamte kontrolliert. Der Fahrer führte den Pkw ohne Fahrerlaubnis. Ein Drogentest auf Amphetamine verlief positiv. Des weiteren wurden bei dem jungen Mann eine geringe Menge Cannabis sowie illegale Pyrotechnik, sogenannte Pollenböller, gefunden. Die Beamten veranlassten eine Blutentnahme, stellten die Drogen und die Böller sicher und fertigten die

Die Polizei stuft Pollenböller als harmlos ein. Wirklich gefährlich seien sie nur für Allergiker.

Friedlinde ▮▮▮ **(rechts) mit ihrer Tochter und Aushilfe Sabine** ▮▮▮.

Sie ist im Grund eine gute Chefin, aber manchmal etwas kopflos.

Stutensee. Um die Umbaumaß-
nahmen der Unterführung in der
Eichendorffstraße im Stadtteil Frie-
drichstal abzuschließen, wird am
heutigen Sonntag zwischen 9 und
17 Uhr auf der Baustelle gearbei-
tet. Die Stadtverwaltung bittet
schon jetzt um mögliche Belästi-
gungen. (bb)

»Beschimpfen und mit Sand bewerfen, alles ist erlaubt. Machen Sie den
Männern das Leben so schwer wie möglich«, teilte die Stadtverwaltung mit.

Die Bürger in der Nordstadt wünschen sich auch mehr Sitzgelegenheiten wie hier im Friedrich-Namsch-Park.

FOTO

Ihr Wunsch ließe sich schnell erfüllen. Nach Einschätzung der Anwohner würden einige Stapel aus Pizza-Kartons oder fünf bis zehn weitere Müllsäcke schon vollkommen ausreichen.

Bahngleise bei Bruchsal angezündet: Gibt es schon eine heiße Spur?

ka-news.de

Ja, die gibt es tatsächlich: Sie führt direkt zum Hauptbahnhof.

Der Wiener Zentralfriedhof: Wie ausgestorben

nachrichten.at

Die Stadt überlegt nun, wie man dem Ort neues Leben einhauchen kann.

Foto: privat

Schraderschule Kaufbeuren weiht Klettergerüst ein

Jetzt fehlt der Schule nur noch eine Schaukel.

JAHRGANG

Der **Jahrgang 1937 Dudenho-**fen trifft sich zum traditionellen Keeskuchen-Essen mit Partnern am Kerbfreitag, 4. November, 15 Uhr, im Wanderhaus an der Gänsbrüh. Diesmal gibt es aber keinen Keeskuchen, sondern Pellkartoffeln mit Hausmacher Wurst.

Der **Schuljahrgang 1941 Du-**

Außerdem werden die Teilnehmer gebeten, alleine zu kommen.

Leipziger Pferd siegt beim Saisonabschluss – über 4000 Besuc...

Ein überraschender Erfolg: Bislang galt der Wallach als das schwarze Schaf im Gestüt.

Kurznachrichten

Nachholspiele auf der Kippe

Ostfriesland. Die für die ostfrieslandliga angestzten vier Nachhilspiele, die alle am SOnntag um 14 Uhr ausgetragen werden sollten, werden ewqhrshcienlich nicht angepfiffen - aus Witterungsgründen. Die Plätze sidn entwedern vereist oder Matschig, begründete FC-Frisia-Traoiner Matthias Rosenfeld den Schirtt, Er werde am Abend beim Staffekltag die Partioe gegen COIncoirdia Suurhusen abssagen, sagt er gestern Nachmittag der EZ. ÖÄhnliches galt auch für die anderen Partien.. Stattfinden sollen hingegen die FReudnschaftsspiele auf Kunstraden (KSV Kickers huete in Heidmühle, BW Borssum heute in Hage, Tus Pewsim Sonntag in Norden).

Manchmal lässt der Sportchef kleinere Texte von seinem Sohn schreiben. In zwei Jahren wird das allerdings wohl zeitlich nicht mehr gehen. Dann wird der Junge eingeschult.

Die Familie wartet seit sechs Jahren auf ein Wartehäuschen

UCKERMARKKURIER.DE | VON NORDKURIER

Und vor allem in den kalten Wintermonaten vergehen
die Tage hier an der Landstraße sehr langsam.

KORREKTUR

Bärlauch statt Bärenklau

Auf unserer gestrigen Serviceseite ist es im Bericht zu den Wildkräutern zu einer bedauerlichen Verwechslung gekommen. Bitte verwenden Sie keinen Bärenklau für Ihre Wildkräu-ter-Versuche, sondern stattdessen Bärlauch. Der Riesen-Bärenklau, der oft am Wegesrand zu finden ist, ist nämlich giftig. Wir bitten den Fehler zu entschuldigen.

Die Redaktion

Schon wieder Abonnenten verloren. Aber diesmal kann das Internet ausnahmsweise mal nichts dafür.

Auf die Nuancen kommt es an

Als Dolmetscher oder Übersetzer sind Fremdsprachenkenntnisse ein Muss

Und was viele gar nicht ahnen: In den meisten Zeitungsredaktionen
werden Kenntnisse im Lesen und Schreiben vorausgesetzt.

Mi., 26.10.2016   **Torsten Wollberg kennt sich aus mit Pilzen und weiß auch, welche am besten schmecken**

Das sollte man bei der Pilzsuche beachten

Gronau - Torsten Wollberg betrachtet nachdenklich den kleinen braunen Pilz, den ihm eben ein Teilnehmer der Exkursion in die Hand gedrückt hat. „Das kann ich Ihnen jetzt nicht genau sagen, was das für einer ist." Wollberg ist mit einer Gruppe der Euregio-Volkshochschule im Wald unterwegs. Zwischen Goorbach und Drilandsee geht der Na-

»Und der rote hier mit den weißen Punkten – was ist das für einer?«
»Steinpilz. Sehr lecker.«

31

Kickers-Spiel:
Keine Zwischenfälle

WÜRZBURG (how) Zum Spiel des FC Würzburger Kickers gegen den SV Sandhausen, das die Rothosen 0:1 verloren, gibt es zumindest eine gute Nachricht: Wie die Polizei meldet, kam es während der Zweitligapartie sowie davor und danach zu keinen nennenswerten sicherheitsrelevanten Zwischenfällen. Die rund 400 Gästefans waren überwiegend mit Busen und Pkws angereist. Auch die Abreise verlief ohne Vorkommnisse.

Oder anders gesagt: Im Publikum waren überwiegend Frauen.

Nichte, deren 17-jähriger Tochter und dessen 20-Jährigen Freund. Demnach ließt sich die vorwiegend 17-Jährige hochwertige Ware nach Hause schicken, auf Kosten ihrer Großtante.

Kleidung, Kosmetik, bis hin zu

Die Großtante ist mitunter 80 Jahre alt.

der Bauaufsichtsbehörde
Landratsamtes vorliegt.
Diese lässt der gebürtige Fri-
sörmeister über seinen neu-
en Architekten beantragen. Die
Bauruine lässt er auf eigene Ko-
... ... Der Schaden

Wie sagt man so schön: Seinen Beruf kann man sich nicht aussuchen.

Für mehr Komfort beim Einsteigen: *Die Stadtbahnhaltestelle an der Mozartstraße ist während des Umbaus mit einem Hochbahnsteig versehen worden. Jetzt können auch Rollstuhlfahrer hier einsteigen.*

... wenn sie die Treppe hochkommen.

Die markante Form des Gebäudes lässt sich schon erahnen. Foto:

Sichtachse. Insgesamt sei das   der Sanierung der B

Und nicht nur das. Man hat sogar die
Inneneinrichtung schon ganz plastisch vor sich.

Busch wächst aus Kamin

Extraaaablaaatt!!!

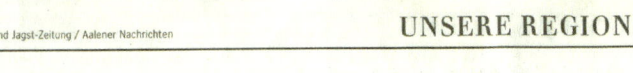

Ipf- und Jagst-Zeitung / Aalener Nachrichten

30 Mann kämpfen gegen die Fluten

Helfer des Technischen Hilfswerks aus Aalen und Ellwangen sind im Hochwassereinsatz bei Magdeburg

AALEN/ELLWANGEN (an) – Bis voraussichtlich Freitag sind von den Ortsverbänden Aalen und Ellwangen insgesamt 30 Einsatzkräfte in Magdeburg. Gemeinsam mit weiteren Helfern aus Baden-Württemberg kämpfen sie gegen das Hochwasser.

Die Hochwasserkatastrophe hat die ganze Republik fest im Griff. Das Technische Hilfswerk Baden-Württemberg hilft derzeit mit rund 700 ehrenamtlichen Einsatzkräften, diversen Großpumpen und unzähligen Sandsäcken die Schäden für Mensch und Natur einzudämmen. Drei Fachgruppen Wasserschaden/Pumpen brachen am vergangenen Samstagnachmittag nach Magdeburg auf. Zeitgleich wurden Technische Züge und auf Pumpeinsätze spezialisierte Fachgruppen mit etwa 240 Personen nach Dresden entsandt. Mit im Gepäck waren neben Schlafsäcken und Feldbetten, Sandsäcken, eigenen Stromerzeugern

und Großfahrzeugen auch Großpumpen, die bis zu 15 000 Liter in der Minute bewältigen können.

Stolz auf die Helfer

In der Nacht von Samstag auf Sonntag wurden zudem weitere 300 Ehrenamtliche aus ganz Baden-Württemberg mobilisiert. „Wir können stolz auf unsere Helferinnen und Helfer sein, die sich am Wochenende, mitten in der Nacht und ohne Zögern auf den Weg gemacht haben, um ihren Mitmenschen zu helfen", erklärte Jens-Olaf Sandmann, der zuständige Referatsleiter in Baden-Württemberg für das Einsatzgeschehen.

Gegenwärtig transportieren zudem zwei Sattelzüge Deichvlies nach Frankfurt/Oder zur Stabilisierung und Absicherung von Deichen. Aktuell befinden sich rund 700 baden-württembergische Einsatzkräfte in Magdeburg, Dresden, Meißen, Bitterfeld, Wittenberg und Beskow.

Ein Leben zwischen

aa08zti_t2_Jun_SV

Sieht vielleicht komisch aus, aber auf diese Weise drängen sie schon seit Jahren jeden Morgen die Nordsee kilometerweit zurück.

Rhein-Zeitung @RheinZeitung · 39 Min.

Bald startet unsere Einbruchserie. Heute sind wir dafür auf Termin mit Beratungsgespräch der @Polizei_KO (jdl)

Schon die letzte Einbruch-Serie der Rhein-Zeitung war ein großer Erfolg. Die Redakteure erbeuteten zwölf Fernseher, 15.000 Euro in bar und vier Schuhkartons voller Goldschmuck.

Das erste Adventsfenster ging am Abend am Vestischen Gymnasium in der Schulstraße auf.

Foto kommt gegen 19 Uhr

Gestern öffnete sich am Vestischen das erste Fenster des Adventskalenders.
Kolping-Geschenkpaketeaktion startet. Krippencafé nach Weihnachten

Am Vestischen Gymnasium ist gestern das erste Fenster des begehbaren Adventskalenders geöffnet worden. Die Kolpingfamilie startet ihre Geschenkpaket-Aktion. Nach Weihnachten öffnet St. Jo-

oder einer Fahrradtour zu erfreuen. Die Fenster werden bis zum 6. Januar erleuchtet sein.

Geschenkpakete

Die Kolpingfamilie führt in Zu-

Die Adventsfenster in Kirchhellen

Datum (jeweils 18.30 Uhr)	Ort	Anschrift
Samstag, 3. Dezember	Seniorenhaus, KBS St. Joseph	Gartenstraße 23
Sonntag, 4. Dezember	noch offen	
Montag, 5. Dezember	Haus Johannes XXIII	Gartenstraße 5 bis 15

Alles klar. Dann schau ich gegen 19 Uhr noch mal in die Zeitung.

So trocknet Wäsche am schnellsten – und am sichersten

Waschen und Trocknen in einem.
Toll, diese Kombigeräte!

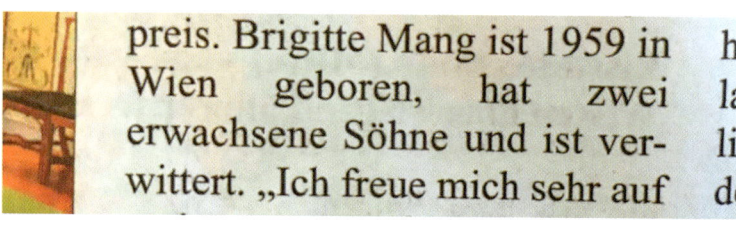

preis. Brigitte Mang ist 1959 in h
Wien geboren, hat zwei la
erwachsene Söhne und ist ver- li
wittert. „Ich freue mich sehr auf d

Noch lässt es sich aber ganz gut mit Schminke kaschieren.

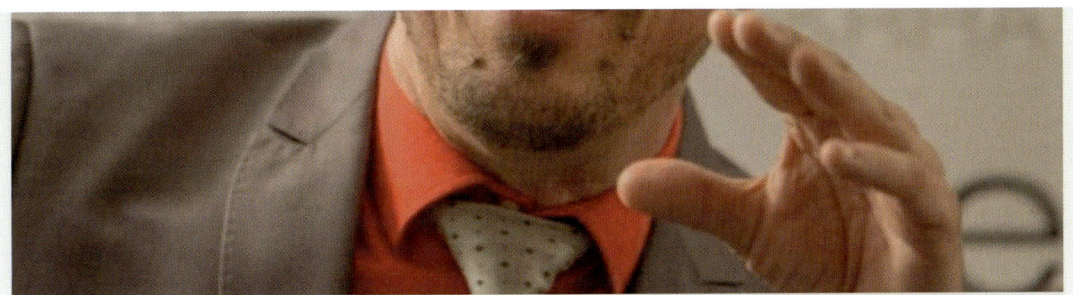

Dr. Linus Förster MdL, europapolitischer Sprecher der SPD-Landtagsfraktion Bayern, Einzelbild, angeschnitten, angeschnittenes Einzelmotiv, Halbfigur, halbe Figur, quer, Querformat, horizontal, landscape, Gespräch mit Europapolitikern der CSU, SPD, Grünen und Freien Wähler im Presseclub Augsburg, 24.03.2014, Gespräch mit Europapolitikern der CSU, SPD, Grünen und Freien Wähler im Presseclub Augsburg, Dr Linus Forester MdL Political Europe Spokesman the SPD Land parliamentary group Bavaria Single raised angeschnittenes Single subject Half- Halbe Figure horizontal Landscape horizontally Landscape Conversation with European politicians the CSU SPD Greens and Free Voters in Press Club Augsburg 24 03 2014 Conversation with European politicians the CSU SPD Greens and Free Voters in Press Club Augsburg

»Wir brauchen zu dem Text noch ein Foto. Querformat, Halbfigur, angeschnittenes Einzelmotiv. Und vom Gesicht sollte man höchstens das Kinn sehen. Haben wir so was?« »Ja, genau so eins ist zufällig dabei.«

höhe ist nicht bekannt, sie richtet sich aber nach seinem Einkommen. Das bedeutet **bei einem Millionär natürlich eine höhere Summe.**

Für Robert Geiss hat jetzt drei Möglichkeiten. Er kann die Strafe anerkennen und bezahlen.

Keine leichte Entscheidung. Aber immerhin hat er die Wahl.

BONN. Ihr Name hat Klang: Susanne Gräfin Lambdorff. „Nein, ich kann nicht sagen, dass ich dadurch Vorteile hatte. Allerdings weiß jeder sofort, wie man meinen Namen schreibt", sagt sie lachend. Vater Otto war einst Wirtschaftsminister, Vetter Alexander ist Abgeordneter im Europäischen Parlament. Doch die 57-Jährige hat es nie in die Politik gezogen. Natür...

Vollständig lautete das Zitat: »Nein, ich kann nicht sagen, dass ich dadurch Vorteile hatte. Allerdings weiß jeder sofort, wie man meinen Namen schreibt – nämlich mit doppeltem ›f‹ und einem ›s‹ hinter dem ›b‹«.

Germanistiker küren beste Managerrede

Manager müssen überzeugen. Das tun sie am besten durch gelungene Reden. Welcher Vorstandsvorsitzende das in Deutschland am besten kann, hat jetzt eine Studie und darum, inwieweit beim Auftritt die Strategien des Unternehmens repräsentiert werden. Der Preis „Bester Managerauftritt" wurde nun in Hannover verliehen.

Germanistiker. Nie gehört? Doch, oder? Das sind Menschen, die an Germanismus leiden.

E-Schocker als Taschenlampen.

Händler tarnte Taschenlampen als E-Schocker

Simmering. Auf einem ge-

Viele Jahre lang dachte er: Wenn die Bullen erfahren, dass ich Taschenlampen verkaufe, bin ich erledigt.

Vergessene Bake steht seit Herbst 2015 rum

DEININGHAUSEN Eine einsame Bake steht noch immer in Castrop-Rauxel. Als im vergangenen Jahr Kabel im Stadtteil Deininghausen neu verlegt und die Laternen versetzt wurden, war sie noch in guter Gesellschaft. Aber seit die Baustelle im September 2015 für beendet erklärt und alle anderen Baken weggeräumt wurden, fristet sie ihr trauriges Dasein als Letzte ihrer Art.

mehr...

Um ein Haar hätte die Konkurrenz ihnen die Story vor der Nase weggeschnappt.

Landkreis - Tierkinder kommen auf die Welt. Aber genau diese sind in ihren ersten Lebenswochen einer tödlichen Gefahr ausgesetzt, die man mit ein wenig Engagement ganz einfach verhindern könnte:

Rund 100.000 junge Kids sterben jedes Jahr in Deutschland einen qualvollen Tod durch die Mähdrescher in der Landwirtschaft. Dazu kommt eine große Dunkelziffer die vermutlich wesentlich höher ist.

Aber nicht nur Rehkitze sind gefährdet, auch unzählige Feldhasen, Katzen, Mäuse und selbst Vögel sind schon häufig den sich unerbittlich rotierenden Kreiseln zum Opfer gefallen.

Pro Tag werden in Deutschland 270 Kids von Mähdreschern überfahren.

Einsamer Kampf

Rainer Schmid (53), evangelische Pfarrer aus Aalen, opfert eine Woche seines Urlaubs einem einsamen Protest: **Mit einem großen Kreuz demonstriert er vor dem Fliegerhorst Büchel bei Cochem** (Rheinland-Pfalz) gegen Atomwaffen. „Ich stehe hier alleine von Montag bis Freitag immer von 9 bis 19 Uhr", sag-

„Atomwaffen anschaffen – jetzt!" fordert der Aalener Pfarrer Rainer Schmid. FOTO:

te der vierfache Familienvater. Nach Expertenschätzung la-

Schmids Devise: Make war not love!

Weihnachten in Finnland bietet wunderbare Ausblicke. Die ganze Familie trifft sich bei gutem Essen, genießt Schlittenfahrten durch die w

Dann sind Ausblicke, die Weihnachten in Finnland bietet,
also auch nicht viel besser als die in der Heimat.

Hannover soll wild werden, zumindest an einigen Orten. Zottelige Rindviecher grasen in der Großstadt, in Linden und Mittelfeld entstehen artenreiche Naturflächen, am Kinderwald und in der Eilenriede sowieso. Der Bund fördert Projekte, mit denen Naturräume in der Großstadt entstehen.

Wildnis zulassen:" Ulrich Schmersow (links) und Wilfried Otto.

Wilfried Otto wurde von Anwohnern schon mehrfach als »Rindvieh« beschimpft.

„Ein Lichtblick für die Menschen in Kenia"

Missionsdominikanerin Schwester Agonia stirbt an Folgen eines Oberschenkelhalsbruchs

ner | richtete, wurde sie auf die Missions-
arbeit aufmerksam und trat in den

ten, schrieb Schwester Agonia.
Erna Pritscher berichtete, dass

ner würdigte Schwester
eine Frau, die viel auf d

Nun können die Menschen endlich wieder nach vorne sehen.

Fußballspiel endet 43:0 – der Torwart verhinderte Schlimmeres

In der Kreisliga C erlebten 23 Zuschauer eine denkwürdige Partie zwischen PSV Oberhausen und SV Vonderort II

Obrhausen. Es war der sechste Spiel-
tag der Kreisliga C Oberhausen-Bot-

stand es 4:0 für den PSV Oberhau-
sen – das kann passieren. Doch dann
verließ ein Vonderort-Spieler den
Kunstrasenplatz, verschwand kurz

Doch dann ging es los: Beim 4:0
kündigte der erste Spieler, dann ver-
letzten sich noch zwei. Der Gastge-
ber blieb fair und nahm ebenfalls

pekt. „Es ist nicht selbstverständlich,
dass man ein Schicksal so über sich
ergehen lässt und bis zum Schluss so
fair bleibt", sagt Detlef Henseling.

Wie gut, dass sie diesen Torwart haben. So ist dann ja zum Glück alles noch mal glimpflich ausgegangen.

Westfälische Rundschau
11. Jan. um 12:28

Tiere: Wildtiere leben vermehrt in Ruhrgebietsstädten

Viele Wildtierarten leben mittlerweile in Städten des Ruhrgebiets. 3000 sollen es allein in Essen und Umgebung sein

Nilpferd auf einer Landstraße bei Bottrop: Im Ruhrgebiet sind Bilder wie dieses mittlerweile alltäglich.

**Gewalt-Hotspot Westbahnhof:
Klopapierdieb auf frischer Tat ertappt**

So spektakuläre Fälle wie dieser hier sind dann aber doch eher die Ausnahme.

Handyverbot

«Niemand soll sich online plötzlich im Bikini sehen»

Manchmal machen sie allerdings eine Ausnahme. Doch dann halten sie sich wenigstens an die Regel: Wenn schon im Bikini, dann aber bitte nicht von hinten.

eise für 2 Personen	- **Kinder Bällebad**
d zur Offroad Tour	- **Kinderparcours**
Volkswagen Driving	- <u>**Kindermachen**</u>
inkl. Anreise, Über-	- **BobbyCar Rennen**
nd Verpflegung.	- **u.v.m.**

Die Eltern sind vom Programm durchweg begeistert.
Vieles haben sie selbst schon seit Jahren nicht mehr ausprobiert.

Heute

Bad Säckingen
14:02 Mehrere Sachbeschädigungen in Bad Säckingen

Bad Säckingen
14:01 Frau will Lippenstifte aus Supermarkt klauen

Bad Säckingen
13:59 Einbruch in Schrebergartenanlage in der Gettnau

Freiburg
13:50 Einbrecher findet keine Wertsachen – und geht wieder

Wie der Nachmittag weiterging:

15.04 Uhr, Bad Säckingen: Jugendlicher denkt über Urkundenfälschung nach

16.12 Uhr, Bad Säckingen: Alte Dame versehentlich angerempelt

17.31 Uhr, Freiburg: Einbrecher findet keinen Parkplatz

Cottbus. Ein Mann ist am Montagabend nach 22 Uhr auf seinem Grundstück in Ströbitz von zwei Einbrechern verletzt worden. Wie die Polizei mitteilt, konnten die unbekannten Täter fliegen. Die Männer waren demnach in das Grundstück eingestiegen. Ein Anwohner be-

Die große Frage bei der Cottbusser Polizei im Moment: Wie sinnvoll wäre es, in Zukunft Alkohol während des Dienstes ganz zu verbieten?

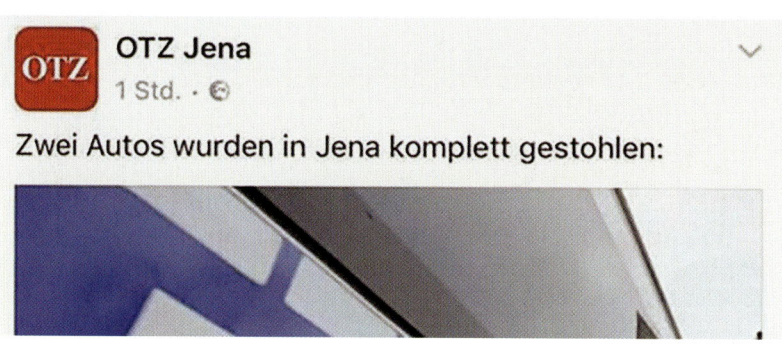

OTZ Jena
1 Std. · ⊖

Zwei Autos wurden in Jena komplett gestohlen:

Zwei weitere nur zur Hälfte.

Freibad öffnet am 25. Juni

Das Hallenbad der Stadt Mettmann ist vom 27. Juni bis 4. September geschlossen. In dieser Zeit kann das Naturbad von den Vereinen zu Trainingszwecken genutzt werden. Das Naturbad ist ab Samstag 25. Juni täglich von 10 Uhr bis 19 Uhr geöffnet. Wetterbedingt können sich die Öffnungszeiten kurzfristig ändern, insbesondere besonders heißen Ta werden die Öffnungs erweitert. Kurzfri informationen hier der Webseite der Mettmann unter

In der Stadt standen sie dem Naturbad lange kritisch gegenüber. Aber die zentrale Lage und die gute Erreichbarkeit mit dem Auto hat die Menschen in Mettmann inzwischen überzeugt.

Drei von zwei Einbrüchen verhindert

OFFENBACH • Einbrecher waren am Montag an drei Häusern zugange und wurden gleich zweimal von Zeugen vertrieben. Gegen 18.20 Uhr mern über den Zaun auf das Grundstück eines Mehrfamilienhauses gelangt und wollten anscheinend über die Garagen in das Gebäude einstei-

Eigentlich ist es so: Ein Mann sitzt unschuldig im Gefängnis.
Aber das wollten sie mit Rücksicht auf die Polizei so nicht schreiben.

Erlangen – Nachdem am 10. Juli ein Einbrecher in die Räumlichkeiten der Universität Erlangen eingebrochen war und Bargeld gestohlen hatte, hat die Kriminalpolizei Erlangen identifizierte zwischenzeitlich identifizierte zwischenzeitlich nun einen Tatverdächtigen identifiziert. Ein am Tatort gesicherter Fingerabdruck konnte einem 40-jährigen Mann zugeordnet werden. Da dessen aktueller

Der zwischenzeitlich identifizierte Mann sitzt inzwischen zwischzeitlich identifiziert in Untersuchungshaft.

Das Wetter war an dem Tag so schön. Da bot sich das an.

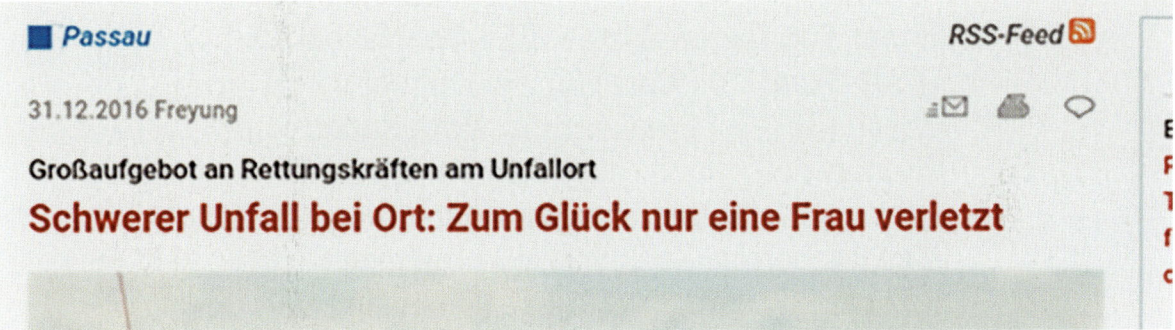

■ Passau

RSS-Feed

31.12.2016 Freyung

Großaufgebot an Rettungskräften am Unfallort

Schwerer Unfall bei Ort: Zum Glück nur eine Frau verletzt

Sie hatten schon mit dem Schlimmsten gerechnet. Aber dann kam die Entwarnung: doch kein Mann.

Freier TuS Regensburg – TSV Oberisling 2:1 (0:0). Tore: 0:1 Heyna (65./Foulelfmeter), 1:1 Bosch (80.), 2:1 Dinauer (85.). **Rote Karte:** Thomay (60./Oberisling/Notbremse). **Fazit:** Ein hart erarbeiteter aber verdienter Sieg für die Platzherren! Schindele (19.) traf einen Radfahrer am Radweg und Dogge (Oberisling) klärte zum Entsetzen der Heimfans einen Ball in die Donau. Der Schleusenmeister wurde informiert.

Aber eindeutig der Höhepunkt des Spiels: Nach einem Distanzschuss von Reuter (Regensburg) ging zum Entsetzen des Platzwarts im Vereinsheim ein Fenster zu Bruch. Der Hausmeister wurde informiert.

Pfingsten auf Borkum mit vielen Highlights

Von den Jazztagen über Sport-Meisterschaften bis zum Tanz um den Maibaum gibt es zahlreiche Events

BORKUM - Das Pfingstwochenende auf Borkum bietet Urlaubern und Insulanern zahlreiche Veranstaltungshighlights. Mit den 33. Borkumer Jazztagen, dem Finale der Deutschen Meisterschaft im Kitebuggy und dem Pfingst-Tennisturnier ist das Wochenende reich an hochklassigen Events.

Vom 2. bis 5. Juni wird Deutschlands westlichste Nordseeinsel wieder swingen und grooven. Ob Frühschoppen oder Kirchenkonzert, Konzert in der Kulturinsel, die kostenfreien Konzerte am Samstagabend, Kurkonzerte im Musikpavillon oder Straßenprozession: Borkum jazzt an vier Festivaltagen von der Fußgängerzone bis zum Großen Saal der Kulturinsel. Das Festivalticket kostet im Vorverkauf 34 und an der Abendkasse 36 Euro.

Die 33. Borkumer Jazztage werden mit einem herzlichen „Welcome" der Schmackes Brass Band aus dem niederrheinischen Krefeld in der Fußgängerzone (Bismarckstraße - Nähe Bahnhof) am

Weitere Fotos auf den Seiten

Und die Urlauber werden auch in vielen Jahren noch sagen: »Am allerschönsten damals in Borkum war, dass schon am ersten Abend gegenüber von unserem Hotel ein altes Bauernhaus abgebrannt ist.«

"Ehe für alle" - Olaf und Olaf heiraten als erstes homophobes Paar in Fulda

02.10.17 - Wir schreiben den 2. Oktober 2017. Für Olaf und Olaf ein ganz besonderer Tag. Der Regen ändert nichts daran, denn alle Anwesenden sind voller Liebe. Liebe für die "Ehe für alle". Liebe für Olaf und Olaf. Beide Männer wandeln am heutigen Tag ihre Lebenspartnerschaft in eine Ehe um. Als erstes Paar in

Und was hier gar nicht erwähnt wird: Beide sind erbitterte Gegner der Ehe.

e mit viel „Zirkus" verabschiedet. „Ich bin mit dem Zirkus angefangen und höre jetzt damit auf. Ein Kreis schließt sich", sagte die beleibte Schulleiterin. Kein Wunder, dass die Turnhalle der Schule an allen vier Aufführungen am Freitag und Samstag aus allen Nähten platzte. 800 Besucher, überwiegend Eltern und Verwandte, kamen

Man muss aber dazusagen: Dass die Halle aus allen
Nähten platzte, hatte mit der Schulleiterin nichts zu tun.

Bei Arbeiten auf einem Dach ist ein 34-jähriger alter Mann in Leinefelde-Worbis (Eichsfeld) vier Meter in die Tiefe gestürzt.

11.06.2017 – 16:12 Uhr

Die Thüringer Allgemeine probiert seit einiger Zeit, mit ihren Nachrichten gezielt sehr junge Menschen anzusprechen.

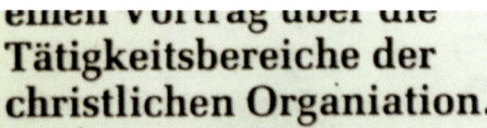**Tätigkeitsbereiche der christlichen Organiation.**

Im Vortragsraum wäre noch viel Platz für etliche Teilnehmer gewesen. Doch das Interesse der Bürgerinnen und Bürger schien gering: „Die Bayern spielen doch erst morgen", bemerkte Preßbitter Heinz-Jakob Thyßen.

Für das Referat hatten sich nur eine handvoll Engagierte in das Pfarrhaus der Gemeinde eingefunden. Was

Eine i
meind

Profil
Paten
licher

Die
wicke
Paten
rechte

»Anderes Wort für Gemeindevorsteher?«
»Presbyter.«
»Und wie schreibt man das?«
»Wie man's spricht.«

AACHEN |
Ist die Führerscheinprüfung erst einmal bestanden, setzt beim Autofahren schnell ein Automatismus ein. Kupplung kommen lassen, Gang einlegen, Gas geben und mit brummen-

…dem Motor auf die Straße fahren.
Dann nach rechts und links schauen,
Tür schließen und Handbremse lösen.

ndliche bis | basteiten Plunder und Ramsch zu | zur Verfügung. | zea", wie sie in Geheimakten der

Kartenbe- | errichten, wie man es von Stränden | Sie haben auch schon große Plä- | Gemeindebehörde bezeichnet wird,

aft, Telefon | um Barcelona oder in Städten wie | ne, wie sie im vertraulichen Ge- | dran bleiben.

e des ge-

anmelden.

ürfen sich

tagen

Zell lädt,

f, zu einer

Bus zu den

ss Guten-

auf Schloss

zum sechs-

Aussteller

m Garten,

achvortra-

zweiligen

ltungsmu-

Kinder-

berer, Po-

orgt. Ter-

bfahrt ist

Guteneck

t Bus in-

Anmel-

Telefon

er sind

So soll sich nach Vorstellung der Gemeinde Zell die (Tourismus-)Region Zell verändern. Diese ehrgeizigen Pläne sind den Zellern jedoch nicht zu groß.

Die Gemeinde Zell erhofft sich, auf diese Weise noch mehr Touristen in die Stadt locken zu können. Eventuell sollen zu diesem Zweck später auch noch ein Atomkraftwerk und eine Müllverbrennungsanlage gebaut werden.

Umzug in Trochtelfingen

Narren mit Schrottbus unterwegs

Die Redaktion in Trochtelfingen ist bekannt für ihre behördenkritische Berichterstattung.

Gewinnspiel-Auflösung

Die richtige Lösung in **Runde drei** lautete Antwort „A - Aufstieg der Spielvereinigung Greuther Fürth in die erste Bundesliga". Mitgemacht hat leider niemand, so dass es diesmal auch keine Gewinnerin bzw. keinen Gewinner gibt.

Der Redaktionsleiter wollte natürlich wissen, warum das Gewinnspiel so ein Reinfall war. Aber das ist inzwischen geklärt. Nach der Konferenz hat er bei beiden Lesern angerufen.

Ausgelassene Stimmung auf der Frühjahrsmesse

AUSGELASSENE STIMMUNG *herrschte beim Auftakt der Freiburger Frühjahrsmesse am Freitagabend. Die begeisterten Jugendlichen ließen* Bis zum Montag, 23. Mai, drehen sich die Karussells bei der Messe. Unter der Woche geht es um 14 Uhr los, am Wochenende um 11 Uhr. Schluss

Die Frühjahrsmesse ist bekannt für ihre herzliche Atmosphäre. Das Mädchen rechts im Bild winkt dem Fotografen fröhlich in die Kamera.

CDU-Gruppenbild: Oberbürgermeister und Abgeordnete zu Besuch

Tschuldigung, gemeint ist natürlich der Obärbürgermeister.

Marcus Weitz (vorn) und seine Mitstreiter bei den „Eastside Crawlerz" Denny Nizold, Gerhard Funk, Maik und Steve Nizold, Christian Grun, Stephan Pawella, Martin Ichtershausen und Thomas Stunz präsentierten auf dem Geländeparcours ihre Modellbauautos.

Immer mehr Frauen
begeistern sich für den Modellbau

… denn damit können sie ihre Männer den ganzen Tag beschäftigen.

Busfahrkarten

Gudendorf (ti) Einige Eltern in Gudendorf sind verärgert über die zu zahlenden Busfahrkarten für ihre Kinder. Denn die Fahrten sind nur dann kostenfrei, wenn der Schulweg länger als die Kinder mehr als vier Kilo ist. Christian Ernst hatte daraufhin bei der Gemeinde einen Antrag auf Übernahme beziehungsweise Beteiligung an Schülerbeförderungskosten gestellt.

Zahlen müssen die Eltern dagegen, wenn der Schulweg kürzer ist als die Kinder – maximal drei Kilo.

Wahlberechtigt ist, wer am Wahltag Deutscher ist, das 178. Lebensjahr vollendet hat und mindestens seit dem 16. Tag vor der Wahl in Nordrhein-Westfalen wohnt.

Falls sich die Praxis nicht bewährt, sollen in vier Jahren auch 178-Jährige wahlberechtigt sein, die erst seit einer Woche in NRW wohnen.

Bildung ist eine Geschenk

Müller hat sich vom Paketboten zum Redakteur hochgearbeitet. Über sich selbst sagt er, ihm sei im Leben noch nie etwas geschenkt worden.

Wehrführer Lars Pörzgen und Atemschutzgerätewart Stefan Homscheid erhielten die Schlüssel für die neuen Fahrzeuge und die Werkstatt. Fotos: DL

Wie sich später herausstellte, war die Werkstatt allerdings bei Weitem nicht in einem so guten Zustand, wie die Autos es vermuten ließen.

Jugendorchester entführt

Hergiswil Die Panamericana, ein System aus Schnellstrassen, verbindet Nord- und Südamerika. Das Zentralschweizer Jugendsinfonieorchester entführt die Zuhörer in Hergiswil am kommenden Samstag zusammen mit den

Leseraktion

5-mal 2 Tickets für den Konzertabend

Für unsere Abonnenten verlosen wir heute 5-mal 2 Billette für das

Als Lösegeld fordern die Entführer die Absage aller Auftritte.

Unter Lastwagen gerutscht: Motorradfahrer schwer verletzt

Letzte Aktualisierung: 13. September 2016, 14:11 Uhr

Der verträumt vor dem Hinterrad liegende Motorradhelm. Der in der Sonne schimmernde Kanister mit dem Ölbindemittel. Einfach traumhaft.

Der Spätsommer neigt sich dem Ende zu. Noch lässt er wunderschöne Fotos wie dieses zu, entstanden bei Immendorf. Foto: cuh

Einer der Hauptgründe: Immer mehr Autofahrer singen während der Fahrt und schauen unaufmerksam zur Seite statt auf die Straße.

links in einen Flutgraben und kam dort zum Stehen. Zuvor hatte der 57-jährige zwei Funkwagen retuschiert. Insgesamt entstand ein Sachschaden von ca. 6.500 Euro. Der 57-jährige

Die Polizei suchte die Funkwagen vergeblich.

Verkehrstaugliche Miezi

Trostberg. Diese Katze hat's drauf. Unsere Fotografin Christine Limmer hat beobachtet, wie die Samtpfote auf dem Gehsteig an der Pallinger Straße stand und aufmerksam den Verkehr verfolgte. Erst als die vorbeifahrenden Autos stehen blieben und die Fußgängerampel das grüne Männchen zeigte, trippelte sie los und überquerte die sonst viel befahrene Fahrbahn. Ein schlaues Vieh! – Foto: cl

Lesen Sie morgen im Trostberger Lokalteil: Gewiefte Taube fährt auf Stadtbus mit.

Zukunftstag in der JVA: Schüler in Meppen erleben …

Anlässlich des Zukunftstags haben 32 Schüler in Meppen am Donnerstag die Justizvollzugsans…

www.noz.de

Nach dem Besuch berichtete der Klassenlehrer begeistert: »Es war ein toller Tag. Viele Schüler können ihre Strafmündigkeit kaum noch erwarten.«

Schau des Rassekaninchenzuchtvereins F131 gut besucht

21.09.17

Die e
Edga
Joha
Nils H
Hans

Kennt man auch von Hund und Herrchen: Mit dem Alter werden Züchter und Tiere sich immer ähnlicher.

SCHLITZ Langsam kommt etwas Licht in das Dunkel um den mysteriösen Fund eines Krokodils vor drei Wochen am Schlitzer Heidberg oberhalb der Stadt. Die Polizei hat den Tierbesitzer ermittelt und es steht fest, dass es sich um einen Brillenkaiman handelt. Viele Fragen sind aber weiterhin offen.

Der jetzt zehnjährige Julius

Ungeklärt ist zum Beispiel die Frage, wie der Brillenkaiman an das Krokodil gekommen ist.

Gut schlagen ist gar nicht so einfach

Ärzte-Hotline gibt Tipps

Kreis Olpe. 80 Prozent der Arbeitnehmer schlafen schlecht – Tendenz steigend. Jeder Zehnte hat sogar

Ärzte raten zu einem gezielten Schlag mit der Faust in die Mitte des Gesichts. Probieren Sie es mit Ihrem Partner aus. Lassen Sie sich nicht entmutigen, wenn der Nasenbeinbruch nicht auf Anhieb gelingt.

Saarland-Brandaktuell
Am 8. Juni um 22:06 · ⊕

+++Feuerwehr Saarbrücken rettet man aus Böschung+++

Um 17:57 Uhr wurde die Feuerwehr Saarbrücken zur Unterstützung des

Hätte man nicht gedacht. Ist aber anscheinend so üblich in Saabrücken.

Die Glocke

41 Minuten · 🌐

Bei einem Großbrand in Rheda-Wiedenbrück sind am Dienstag mehrere hunderttausend Euro entstanden.

Das Geld geht an die Versicherung.

Bei Höchstgeschwindigkeit Kontrolle verloren

Mit 10 km/h in Brücke gerast

Ein Fußgänger versuchte noch, ihn aufzuhalten.

Stuttgarter nachrichten.de
15 Min · ⊕

Ein 40-Jähriger wollte sich bei dem Arzt wegen eines hartnäckigen Hustens behandeln lassen. Zwei Tage war der Mann tot.

Man muss aber dazusagen: Danach ging es ihm wieder blendend.

WOLFSBERG

Angesteller fackelte nicht lange und löschte Feuer selbst

Ein Angestellter griff Donnerstagfrüh

Bei dem Mann handelte es sich um einen Pyromanen mit einer gespaltenen Persönlichkeit.

Buseck: Pferd wirft Reiterin ab – Polizei ermittelt wegen Unfallflucht

www.blaulicht-giessen.de

Dabei hätte es schon gereicht, wenn das Pferd am Tatort einen Zettel hinterlassen hätte.

isch

natur

Es gibt nichts Leckeres an einem Winterabend: mit Käse überbackene Tortillachips. Zum Dippen gibt es eine fruchtige Tomatensalsa..

FOTO: DOREEN HASSEK/

Gut, es gibt nichts Leckeres. Aber wenigstens gibt's überbackene Tortillachips.

Mann knallt mit Kopf gegen Schild

Schildbürgerstreich. Straßen-NRW hat dieses Vorfahrtsschild am Abzweig Unterm Römberge/Seufzertal in Arnsberg derart niedrig über dem Bürgersteig aufgehängt, dass Günter ▮▮▮▮▮ geblendet von der tief stehenden Wintersonne - jetzt mit dem Kopf dagegen knallte. Mit 1,87 cm ist ▮▮▮▮ (Bild) auch nicht unbedingt übergroß. Straßen-NRW will nun aber zügig für Ordnung sorgen und das Schild in korrekter Höhe anbringen. Für hindernisfreie Vorfahrt auf dem Bürgersteig. gie

FOTO: PRIVA▮

Wie sollte er auch erkennen, dass sich auf Augenhöhe völlig überraschend ein Schild nähert?

Viele Tiere kommen nach Weihnachten ins Heim

Manche erleiden aber auch trauriges Schicksa

GELNHAUSEN

Weihnachten ist vorbei. Die große Umtauschaktion der unnützen Weihnachtsgeschenke ist in

len konnen. Ein Gutschein ist geeigneter unterm Tannenbaum als ein Tier."

Mit einer Art Vermittlungsstopp kurz vor Weihnachten habe man versucht, das Ganze ein wenig einzuschränken. Das

den könnte. „Solange wir Platz haben, ist das kein Problem. Dann nehmen wir auch Tiere auf. Wenn wir aber keinen Platz mehr haben, dann kommen die Tiere auf eine Warteliste." Das bedeutet, die Besitzer müssen sich mit ihrer „Weihnachts

Einige kommen ins Heim. Andere erleiden ein trauriges Schicksal. Sie müssen bei den Kindern bleiben.

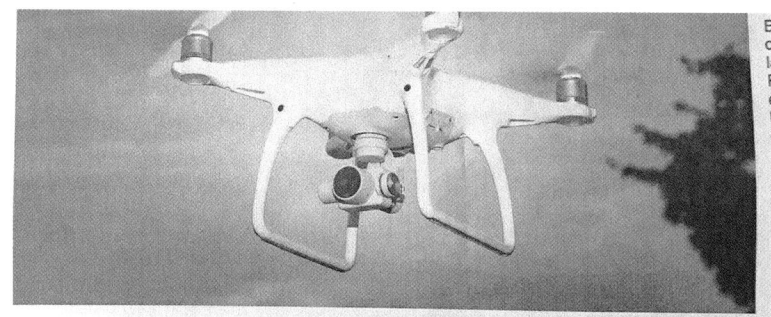

Kommt es beim Flug mit einer Drohne zu einem Unfall, haftet derjenige, der die Drohne fliegt. Daher sind grundsÄotzlich alle Flugobjekte versicherungspflichtig.

Drohen: Nicht ohne Versicherung

öln (ots). Sie steigen per ıopfdruck in die Luft, sind häu- das Flugobjekt ein Gewicht von fünf Kilogramm übersteigt oder te bewegt werden, was etwa einem Umkreis von 300 Me

Daher klären Sie am besten, bevor Sie drohen, ob Sie auch wirklich versichert sind.

Wollen, dass der Brunnen bleibt (von links): Carlo Stäheli, Passantin Frau Wenk, die sich spontan bereit erklärt hat, auf das Foto zu kommen, und Guido Schildknecht.

Wenn irgendwo ein Foto gemacht werden soll, ist Frau Wenk immer gleich zur Stelle.

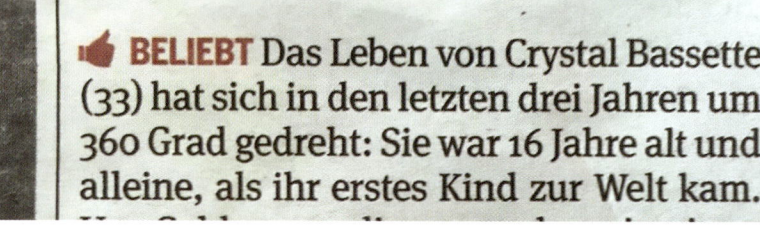

BELIEBT Das Leben von Crystal Bassette (33) hat sich in den letzten drei Jahren um 360 Grad gedreht: Sie war 16 Jahre alt und alleine, als ihr erstes Kind zur Welt kam.

Sie hätten auch schreiben können: In ihrem Leben ist alles noch genau wie vor drei Jahren. Aber »hat sich um 360 Grad gedreht«, das klingt natürlich gleich deutlich dramatischer.

Diese Regionalbahn rammte ein Auto und fuhr anschließend davon. Nun hat die Polizei die Flüchtige gefunden. – Foto: Timebreak 21

Den erfahrenen Beamten war gleich klar: Es könnte eine gute Idee sein, den Gleisen zu folgen.

olles Haus beim Geburtstag des Seniorenkinos

Ein dummer Fehler. Das »O« am Satzanfang schreibt man groß.

BLICKPUNKT   Nachrichten »   Uckermark

Vandalismus in der Altstadt

Kein schöner Anblick am Montagmorgen in der Fußgängerzone. Foto: asc

Nein, das stimmt. Wirklich kein schöner Anblick. Dass sie ihren Lesern so etwas überhaupt zumuten.

Pia Tillmann präsentiert „Tattoomaniacs" auf RTL 2

■ EMSDETTEN. Pia Tillmann (30) startet mit einem neuen Projekt wieder durch. Und das geht im wahrsten Sinne des Wortes unter die Haut.

Die 28-Jährige präsentiert ab Donnerstag, 1. Dezember, um 0.20 Uhr auf RTL 2 die Sendung „Tattoomaniacs – Körperkult und Arschgeweih. In diesem Fall kann man bei der Ex „Berlin-Tag & Nacht"-Darstellerin von einer echten Expertin sprechen – Tillmann hat nach eigenen Angaben schon 41 Tätowierungen auf der Haut. In dem neuen Format berichtet die gebürtige Emsdettenerin na-

Motiv. Dann schauen wir uns gemeinsam Bilder oder Kataloge an und ich muss rausfiltern, was für ein Motiv dem Wunsch des Kunden entspricht und das dann kreativ umsetzen", sagt Inhaberin Dominique Beckmann.

Im Jahr 2006 ist sie mitgegangen, als sich ein Freund ein Tattoo stechen ließ. „Ich habe den Tätowierer dann gefragt, ob ich auch mal eine Linie machen darf, so fing das Ganze an", erklärt die 34-Jährige. Über den Umweg Stuttgart hat sie seit Mai dieses Jahres ihr Studio an der Mühlen-

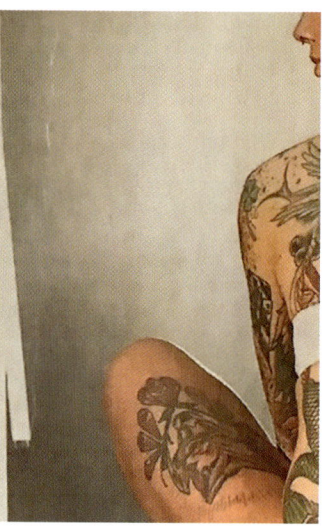

Besonders ärgerlich für die 29-Jährige: Am Erscheinungstag des Artikels feierte sie ihren 31. Geburtstag.

106

Malte Schröder entwickelt nach den Vorgaben der Kunden, die er an der Pinnwand aufgehangen hat, die Software, die die Arbeitsabläufe in den Betrieben verbessert. Foto: J.

Das ist Kundenbindung! Aber um Sie gleich zu beruhigen: Schröder befestigt seine Kunden natürlich nicht mit Nägeln, sondern an Kleiderhaken.

Laut Angaben der Polizei wurde bei der Auseinandersetzung auch das Mobiliar der Wache verschoben.

Auch zwei weitere Beamte konnten die Wut des 30-Jährigen nicht bändigen - zumindest vorerst. Die Polizei

Der 30-Jährige sitzt mittlerweile wegen Verschiebung von Mobiliar in Untersuchungshaft.

Überfall **Fahndung nach Räubern mit „Pisspottschnitt" und „Pferdegebiss"**

Gleich nach Veröffentlichung des Fahnungsaufrufs stellte sich der Täter – tief getroffen.

Für kleine Wanderungen

Mann, 63 Jahre, mit leichter, geistlicher Behinderung, sucht Kollegin/Freundin. Macht gerne mit Bahn oder Bus einen Ausflug. Gut Essen ist ihm auch wichtig. nur abends

In anderen Worten: Er klingt ein bisschen wie ein Pfarrer. Aber sonst ist er eigentlich ganz in Ordnung.

Mehr als jeder dritte Einbruch in NRW wird in NRW verübt

Der Trend ist eindeutig und er zeigt, dass Wohnungseinbruch ein gutes Geschäft sein muss. *So stieg die Zahl der gemelde-*

Was aber eigentlich noch viel krasser ist: Bei 100 Prozent aller Einbrüche drangen die Täter in eine fremde Wohnung ein.

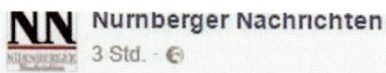

Nürnberger Nachrichten
3 Std. · 🌐

Dass der Mann auch in Nürnberg kein Unbekannter ist, wissen nur die wenigsten.

Bericht: Rapper Xatar wird per Haftbefehl gesucht

Den bekannten Rapper Xatar kennen bislang nur wenige.

Rezeptkorrektur „Blauer Wackelpudding"

Das war eine Null zu viel – Die korrekte Zutatenangabe im Rezept „Blauer Wackelpudding für Erwachsene" am vergangenen Mittwoch (Seite 3) lautet natürlich 100 ml Wodka und nicht 1000 ml. (jfl)

Na klar. Sonst wäre es ja Wodka-Pudding.

net. Die Trinker- und Drogenszene auf der Bahnhofsrückseite wird das allerdings weniger beeindrucken. Sie wird bleiben. „Die Szene gibt es, und es wird sie weiterhin geben", sagt Polizeipräsident Hajo Kuhlisch nüchtern.

Um Missverständnisse auszuschließen.

Der 68-Jährige hatte am Montag um 7 Uhr einen Notarzt alarmiert, weil er nach eigener Aussage seine Lebensgefährtin lieblos im Bett vorgefunden habe. Die eingesetzte Ärztin erkannte am Körper der Frau

Als sie sich nicht anschmiegen wollte, rief er die Polizei.

Am St. Veiter Wiesenmarktgelände ist jetzt schon einiges los

In einer Woche beginnt der St. Veiter Wiesenmarkt. Die Aufbauarbeiten sind voll im

Sie sollten mal zu den Stoßzeiten vorbeischauen. Dann sind manchmal sogar die Buden offen.

Besichtigung des Recyclinghofs für Senioren

Zu einer Besichtigung des Recyclinghofs der Stadtreiniger lädt am Donnersstädtische Referat für Altenhilfe interessierte Seniorinnen und Senioren ein

Also werfen Sie Senioren auf keinen Fall weg. Man kann unglaublich viel aus ihnen herstellen.

 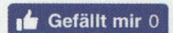 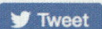 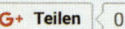

Vortrag zu Schwerhörigkeit war nicht leicht zu verstehen

Ärztin Dr. Ulla Schultens-Kaltheuner berichtete von ihrer Krankheit – Besucher mit

Und bei der Gelegenheit noch ein Hinweis:
Der Vortrag über krankhaftes Aufschiebeverhalten findet eine Woche später statt.

Altmark Zeitung
1 Std. · 🌐

Ein Feuerwehr-Fahrzeug für Kakerbeck ist für dieses Jahr die größte Investition in der Einheitsgemeinde Kalbe.

Es muss jetzt nur noch rot lackiert werden.

Kostenloser Deutschkurs

Pulheim (red). Die Arbeitsgemeinschaft sozialdemokratischer Frauen bietet für ausländische frauen, die schon länger in eutschland leben und ihre Deutschkenntnisse veessern möchten, einen kostenlosen Deutschkurs an. Er beginnt Montag, 6. März, 16.30 Uhr, im Gymnasium Pulheim, Hackenbroicher Straße. Interessentinnen können sich bei

Kostenloser Deutschkurs – für ausländische Frauen und Zeitungsredakteure.

Die Polizei hat jetzt Fotos von der Überwachungskamera veröffentlicht. (lap)

Nach Raubüberfall auf Tankstelle in Kempten: Wer kennt diese Frau? ✅

ALL-IN.DE

Wie Passanten berichteten, trug sie in der linken Hand eine Sense.

Einziger Rückkehrer ist Florian Marchl, der nach seiner Krankheit wieder fit ist. Einziger fehlender Akteur im Vergleich zur Vorwoche dürfte Ersatzkeeper Pascal Legat sein, der sich einer Weisheitsoperation unterziehen musste und etwa zwei Wochen passen muss. Somit wird Lars Lewerenz auf der Bank Platz nehmen.

Bei Alex Schlosser geht

Hintergrund der Operation: Er möchte gern Abitur machen.

Zu wenig Abschüsse von Rotwild in Salzburg, Tirol und Kärnten

17. November 2016 16:43

In Salzburg lag die Abschussplanerfüllung noch vor Kärnten und Tirol (Symbolbild). -

Der Rechnungshof (RH) hat in einem am Mittwoch veröffentlichten Bericht die Nichterfüllung der Abschusspläne bei Rotwild in Kärnten, Salzburg und Tirol kritisiert. In den drei Ländern habe sich der Zustand der Wälder verschlechtert.

Die Jäger sind ratlos. Seit Tagen flog nicht ein Rothirsch vorbei.

Schramberg
Betrunkene zeigen Hitlergruß

Von sb/pz 28.07.2016 - 16:26 Uhr

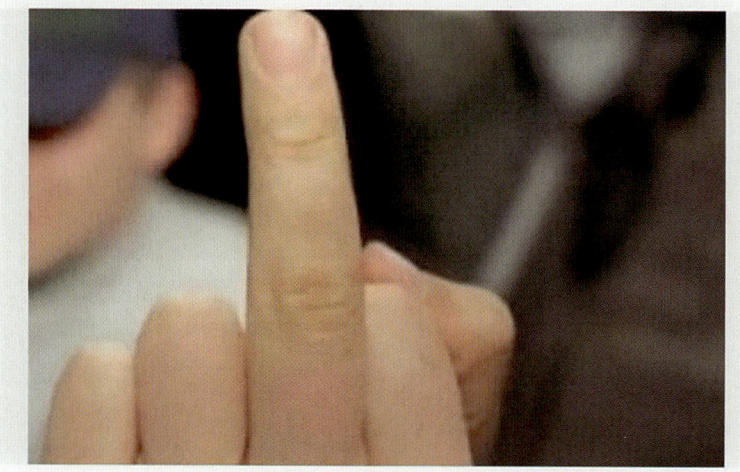

Kann man sich heute gar nicht mehr vorstellen, dass ein
ganzes Land sich früher so auf der Straße begrüßte.

2. Welle: Noroviren im Ev. Krankenhaus

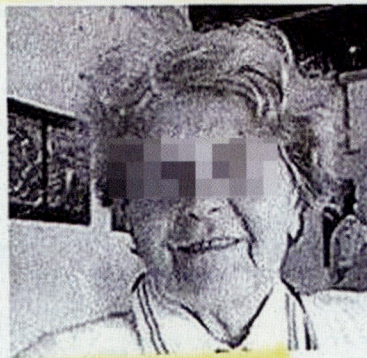

So sehen Noroviren unterm Mikroskop aus. (Bild: dpa)

Schwerte. (be) Mal sind in Sc Noroviren auf Mittwochaben dem evanglisc Krankenhaus Verdachtsfälle heftigen Brec gemeldet, am Freitagvormit einmal sechs

Wie Dr. Bern vom Kreisge gestern mitte

Behörde zügig eingeschaltet worden. Noroviren übertragbar. Das Krankenhaus hat in Abstimm Schutzmaßnahmen eingeleitet.

Auf den ersten Blick sind Noro-Viren kaum von Senioren zu unterscheiden.

Fiebert schon: ein Italien-Fan

Zur Verteidigung des Redakteurs muss ich aber sagen: Ich selbst hätte den Hut auch nicht zuordnen können.

Die meisten Besucher erkunden das Nürnberger…

Viele Besucher erkunden NS-Gelände ohne Führer

237.170 Menschen besuchten 2015 das Nürnberger Zeppelinfeld - **vor 39 Minuten**

NÜRNBERG - Überraschend viele Besucher erkunden das ehemalige Reichsparteitagsgelände auf eigene Faust - ohne

Wie auch? Der ist ja seit Jahren tot.

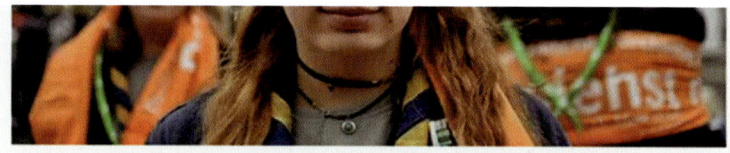

"Du siehst mich" lautet das Motto des 36. Evangelischen Kirchentags in Berlin und der Lutscherstadt Wittenberg. Die Farbe des Kirchentags? Orange!

Wittenberg – seit Jahrhunderten bekannt für seine Lollies.

In der neuen Saison gibt es auch ein Angebot für Gehörlose.

Natürlich hat die Stadt auch an die blinden Besucher gedacht.
Sie können sich im Rathaus einen Stummfilm ansehen.

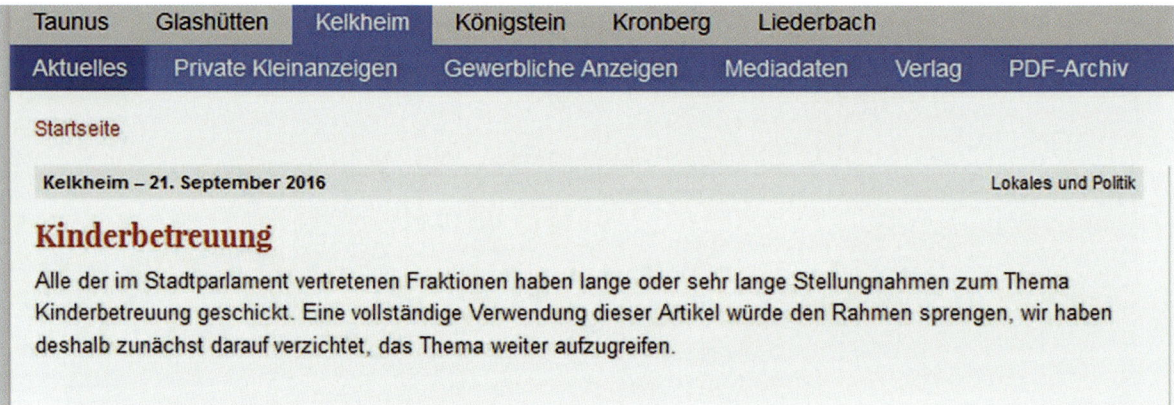

Kelkheim – 21. September 2016   Lokales und Politik

Kinderbetreuung

Alle der im Stadtparlament vertretenen Fraktionen haben lange oder sehr lange Stellungnahmen zum Thema Kinderbetreuung geschickt. Eine vollständige Verwendung dieser Artikel würde den Rahmen sprengen, wir haben deshalb zunächst darauf verzichtet, das Thema weiter aufzugreifen.

Auch der Bericht über die Premiere im Stadttheater morgen entfällt. Leider hat das Stück Überlänge.

Französische Alpen

Aa

Lawine begräbt Menschen unter sich – alle haben überlegt

Erst vor wenigen Wochen starben in der

Leider wohl einen Moment zu lange.

ben Andreas Gö- ner Woche gegen Weiner folg-
rsten Klaas (beide te wenig später prompt das
eme) fehlten Jörg Gegentor. Einen Stellungsfeh-
g (Knöchel ver- ler in der SuS-Deckung nutzte
ppe), Ralf Albers Steinfurt zum 2:1-Siegtreffer.
eration) und (87.)
nann (privat ver-

Jörg, das dazugehörige Foto
fälle konnte die (Thomas Dirkes) habe ich Dir
nicht kompensie- gestern auf den Schreibtisch
r selbst hütete für gelegt. Wenn Du (oder Gaby)
las Tor, aber auch den Text kürzen mußt, bitte
in der Lage, das nicht - wie in der vergangenen
20. Minute zu Woche - einfach die letzten
Zeilen streichen. Zumindest
die Tore inklusive Tor-
er Einzelaktion schützen müssen drinbleiben.

Ach, und Jörg, kannst du für diese Perle vielleicht auch noch einen Kommentar formulieren.
Und bitte denk dran, diesen Hinweis hier zu löschen. Danke!

NACHRICHTEN

Die neuen Sandsäcke sind da

Und das Beste ist: Sie sehen aus wie echte Gegner.

Englisch-Kurse für Anfänger und Fortgeschrittene

Euthal/Rüti. «Donnerstag you speek english?» Wenn jemand das fragt, antwortet man vielleicht mit «a little», man bringt kein Wort heraus, sagt «Yes, quite well» oder antwortet: »No problem, go ahead, how can I help you?». So

Yes, and Freitag je parle français.

LANDKREIS GÜNZBURG

Deutsch ist bei vielen mangelhaft

Immer mehr Kinder können sich nicht treffend auszudrücken. Welche Ursachen Lehrer im Landkreis dafür sehen.

In einem Punkt waren die Lehrer im Landkreis sich einig: »An uns kann es nicht zu liegen.«

Werter schmuggelt für Häftlinge

Justizangestellter verkauft in Preungesheim Discounterfleisch zu Kleinmarkthallenpreisen

Schon der zweite Beamte, den sie dieses Jahr erwischen. Der andere schmuggelte Wärtsachen.

Sänger lassen ein Feuerwerk sprudeln

Konzert | Kolping- und Kirchenchor beweisen einzeln und als große Einheit ihr musikalisches Können

Musik ist ein Feuerwerk
der Gefühle. Diese Aussa-
ge des portugiesischen
Gewinners des Eurovision-

Zur Eröffnung wurde ein Brunnen abgebrannt.

Zeithain
Neue Fluchttreppe für den Knast

An der Justizvollzugsanstalt Zeithain finden derzeit Bauarbeiten statt. Das bestätigte der Sprecher der Anstalt, Benno Kretzschmar, gegenüber der Sächsischen Zeitung. Dabei handele es sich um eine Maßnahme zur Verbesserung des Brandschutzes, ganz konkret wird eine neue Fluchttreppe an ein Verwaltungsgebäude angebaut. (SZ/ste)

Die Gefängnisleitung hofft, dass die neue Treppe von den Häftlingen gut angenommen wird.

Aus Langweile gehandelt: Polizei nimmt Brandstifter fest

LUZERN · Die Polizei hat einen Mann

Was sollen sie sonst den ganzen Tag machen?

TITISEE-NEUSTADT

Wildernder Hund hetzt drei Rehe zu Tode

Jagdpächter haben im Bereich der Fehrn in Neustadt drei zu Tode gehetzte Böcke gefunden. Nun will man den Besitzer des schwarzen Hundes finden. Im äußersten Fall soll er erschossen werden.

Was mit dem schwarzen Hund passieren soll, ist noch nicht klar.

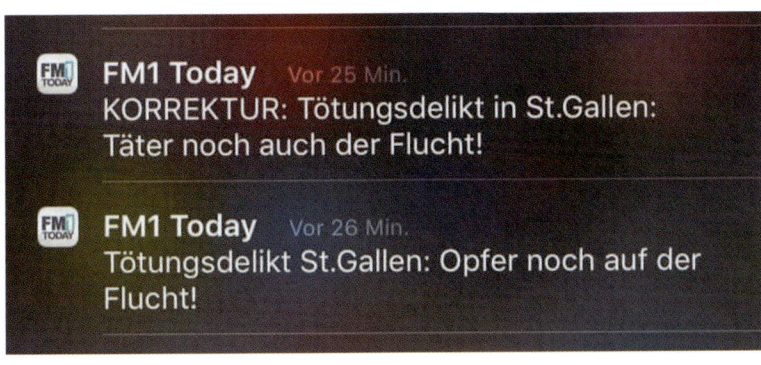

FM1 Today · Vor 25 Min.
KORREKTUR: Tötungsdelikt in St.Gallen:
Täter noch auch der Flucht!

FM1 Today · Vor 26 Min.
Tötungsdelikt St.Gallen: Opfer noch auf der
Flucht!

Update: Das getötete Opfer hat sich inzwischen der Polizei gestellt.
Nach einer ambulanten Obduktion konnte es das Krankenhaus wieder verlassen.

Der 2011 g
den der früher
Foto: Franz-Josef C

noch bessere Abdeckung
des Bedarfs erreichen.
Dank des demagogischen
Wandels hat sich in den letz-
ten Jahren für Schwalmtal
Zuwachs an jungen Fa-
Kindern erge-

bis
in 2010
Dutzend
Die Ta
an d
im
te
jugendamt

Demagogischer Wandel. Vielleicht eine Erklärung für die zahllosen Populisten.

Mit geklautem Rat unterwegs

Altstadt. Ein 29-jähriger Mann ist am frühen Morgen nahe des Erfurter Hauptbahnhofes von der Polizei kontrolliert worden. Bei der folgenden Durchsuchung wurden neben einem Messer auch Drogen bei ihm gefunden. Selbst das Fahrrad des jungen Mannes wurde sichergestellt, da es zuvor als gestohlen gemeldet worden war.

Man muss aber auch bedenken: Wer kann sich heute noch guten Rad leisten?

SEITE 16: SPORT

Hier steht noch nix drin, kommt aber kurz vorher

6180 · Nr. 38 · 36. Jahrgang

GUTEN TAG

Es ist traurig

Eine blöde Angewohnheit des Redakteurs, der den Text unten geschrieben hat. Er kommentiert gern die Leistung von Kollegen in seinen Überschriften, korrigiert aber nichts.

28.03.2017 - 00:01 Uhr

Er sitzt vor seinem Spanferkel-Rollbraten und hält seinen Personalausweis in die Kamera.

Jetzt ganz neu: der Personalausweis im Halbliter-Format.

Wer ist der Vater?

Kind muss Samenspender genannt werden

Blöd für die Eltern. Sie hatten sich eigentlich schon auf »Thomas« geeinigt.

dem Weg in die Schule, als drei Hunde ihn und zwei Freunde attackierten. Passanten gingen mit Stöcken auf die Tiere los, die erst von den Kindern abließen, als die Polizei eines von ihnen erschoss.

Die drei Hunde kamen mit dem Schrecken davon.

Verdächtig: Beim Spazieren im Hardwald fand eine Frau diesen sonderbaren Gegenstand und verständigte die Polizei.
Bild: Polizei BL

Nach Angaben der Polizei soll es sich um ein so genanntes »Kleinkind« handeln.

Juristische Lücken wurden ausgefüllt
Die Grünanlagensatzung der Stadt Bamberg wird präzisiert. Wesentlich geht es um den Umgang mit Hunden in öffentlichen Grünanlagen. Ein Hundehaufen kostet weiterhin 30 €.http://www.freie-webzet.de/index.php/20-2/k/1006-yk

Und für Sie vielleicht auch noch interessant: Zwei gibt's zum Preis von 50.

Rücken- und Gelenkschmerzen – die schönste Nebensache der Welt.

DVB-T2 HD-Symbol. Hat man noch einen Röhrenfernseher, muss man zusätzlich auf einen Skat-Anschluss am Receiver achten. Man könne die Umstel-

Der Anschluss ist sehr leicht zu finden. Er befindet sich zwischen Uno-Port und Doko-Buchse.

Mann onaniert auf Spielplatz- Polizei bittet um Mithilfe

Anzeige

Doch für den Mann kam jede Hilfe zu spät.

Projekt in Richelsdorf: Skateboard gibt Suchtkranken Halt

Sie lachen. Aber wer einmal suchtkrank war, weiß:
Da gibt einem sogar ein rollendes Skateboard an einem Abhang Halt.

Veranstaltung „Gelebtes Miteinander": Banner hängt jetzt am Stadtbahnhof

01.04.17

Die Mitorganisatoren der Veranstaltung (von links) Ramiz Arifi, Max Wurdinger, Gudrun Lang

»Wir wollen eine Gesellschaft, in der alle Menschen zusammenhalten – und nicht einige mit dem Finger auf andere zeigen«, erklärten die Veranstalter.

Schützen demonstri

Tag der Schützen: 17 Vereine feierten gemeinsam auf der L
wieder. Anliegen der Veranstaltung war es, nicht nu

■ **Bad Lippspringe.** „Wir wollen zeigen, dass das Schützenwesen nicht nur trinken und feiern ist", leitete der Jürgen Lutter seine Moderation zum Tag der Schützen auf der Landesgartenschau ein. Mehr als 700 Karten waren an an 17 Vereine und Bruderschaften im Vorfeld verkauft worden. Entsprechend voll wurde es um kurz vor 13 Uhr als sich die Schützen mit ihren Hofstaaten und Begleitung auf dem Weg zum Gottesdienst an der Friedenskapelle machten.

Nach einer knapp einstündigen Andacht, marschierten sie gemeinsam durchs Gelän-

teilnahm und den Paradevogel des Heimatschutzvereins Neuenbeken auf seinen Rolli geschnallt hatte. Er lobt das Gelände: „Es ist hier mehr Rollitauglich als ich erwartet habe." Der Verein hatte extra einen Bus mit Rampe gechartert, um den gehandicapten Schützen mitzunehmen.

Ziel des mit mehreren Musikkapellen begleiteten Marsches war die Adlerwiese, das Veranstaltungsgelände der Landesgartenschau. Das Bier wurde hier allerdings nicht wie sonst üblich nur in Flaschen, sondern gleich kästenweise verkauft.

Doch die Schützen präsentierten sich den Besuchern

Reden über Finan
Lippspringe und

mitverantwortli

Leider hat der Reporter den Moderator nicht ganz vollständig zitiert. Korrekt muss es heißen:
»Wir wollen zeigen, dass Schützenfest nicht nur Trinken und Feiern bedeutet – sondern nur Trinken.«

NW Paderborn
26 Minuten · 🌐

Rund zwanzig traditionelle Spezialitäten gibt es im Beirut Sweets in
#Paderborn:

Erster Laden für orientalisches Gepäck in Paderborn

Neben persischen Rollkoffern und syrischen Umhängetaschen
gehören unter anderem marokkanische Rucksäcke zum Sortiment.

Spontan 64.000 Euro gewonnen

„Wer wird Millionär?": Toni Papenkordt streicht bei Günther Jauch kräftigen Gewinn ein. Dabei war er nur als Gast im Studio. Mit dem Geld schickt er seine Frau nach China

Er hatte auch an den Mond gedacht, aber da wäre er mit dem Geld nicht ganz ausgekommen.

Wohnungskündigung
Recht kranker Mieter wird gestärkt

Stand: 15.03.2017 16:58 Uhr

Dann wollen wir mal hoffen, dass er bald wieder gesund ist.

Die Bahn in Meschede: Züge kommen dreieinhalb Jahre später wp plus

22.05.2017 – 09:00 Uhr

Während der Wartezeit haben alle Reisenden Anspruch auf eine Mietwohnung.

In Schule eingeschlafen

Tr

FRIESOYTHE/EB – Am Dienstagmorgen wurde gegen 11 Uhr ein 24-jähriger Mann aus Elsfleth (Kreis Wesermarsch) in einem Klassenraum der Ludgeri-Grundschule in Friesoythe entdeckt. Der sehr stark alkoholisierte Mann habe so fest geschlafen, dass man ihn nicht hätte aufwecken können, teilte die Polizei am Mittwoch mit. Der 24-Jährige sei zur Entgiftung in ein Krankenhaus gebracht worden. Wie er in das Schulgebäude gelangte, teilte die Polizei nicht mit.

In der Schule eingeschlafen. Als sie das in der Redaktion hörten, war allen gleich klar: So was hab ich noch nie gehört. Das ist 'ne Meldung.

Lebertransplantierte suchen den Austausch

Coburg – Auf Anfrage eines Betroffenen sucht die Kontaktstelle wächst die verbleib nahezu zur Ausgang

Ärzte warnen allerdings davor, die Organe zu oft zu tauschen.

Ruhr Nachrichten
1 Std. · 🌐

Juchuu: ein Tag mit positiven Nachrichten. Unter anderem geht es um einen Solarflieger und Udo Lindenberg.

Amoklauf in Japan - Störung bei der Bahn - Ehre für Udo
Ein Amoklauf in Japan, die historische Landung eines Fliegers in Abu Dhabi, eine...

Und gerade kommt noch eine Nachricht rein, über die ihr euch alle freuen werdet. In Paraguay hat es ein Erdbeben gegeben.

Fehler an Enten-Tüten

tbre **DELMENHORST.** Kleiner Fauxpas im Vorfeld des vom Lions Club Gräfin Hedwig für den 7. August geplanten Entenrennens. Auf dem Coupon an den Enten-Tüten ist das letztjährige Datum für die Abholung der Gewinne genannt. Richtig ist der 12. September 2106.

Ach so, hat ja noch Zeit. Dann können's ja auch meine Ur-Enkel abholen.

dstifter in Salzwe

e in Flammen / 100 000 Euro Schaden / 18-Jähr

Auf die Zugausfälle wegen Personalmangels bei der Uelzener Me-
tronom Eisenbahngesellschaft reagiert die Landesnahverkehrsgesellschaft empfindlich.   Foto: dpa

durch einen 27-Jährigen und   den, der am Bahnhof gerade

Am Tag darauf räumte die Landesnahverkehrsgesellschaft ein, sie habe möglichweise überreagiert.

Die Türen des Vereins Power for Kids sind geschlossen.

Das verkündete gestern der Geschäftsführer (rechts im Bild).

Oppositionellen am Montag – an all diesen Missständen kommt der DFB nicht vorbei. Teammanager Oliver Bierhoff beantwortete dazu intern Fragen der Spieler. Es gibt für sie keinen Maulkorb. Jeder darf sagen, was er denkt. Zu erwarten aber ist eher nicht so viel.

Beim DFB brauchen sie keine Denkverbote. So viel wird da eh nicht gedacht.

Streit um Grab beigelegt

Würzburg (dpa) Ein kurioser Streit ums Familiengrab zwischen einer verstorbenen Frau und ihren Angehörigen ist beigelegt: Der Testamentsvollstre-

Nach Angaben der Angehörigen soll die Frau sich einfach nicht mehr gemeldet haben. Man wolle jetzt erst mal Gras über die Sache wachsen lassen.

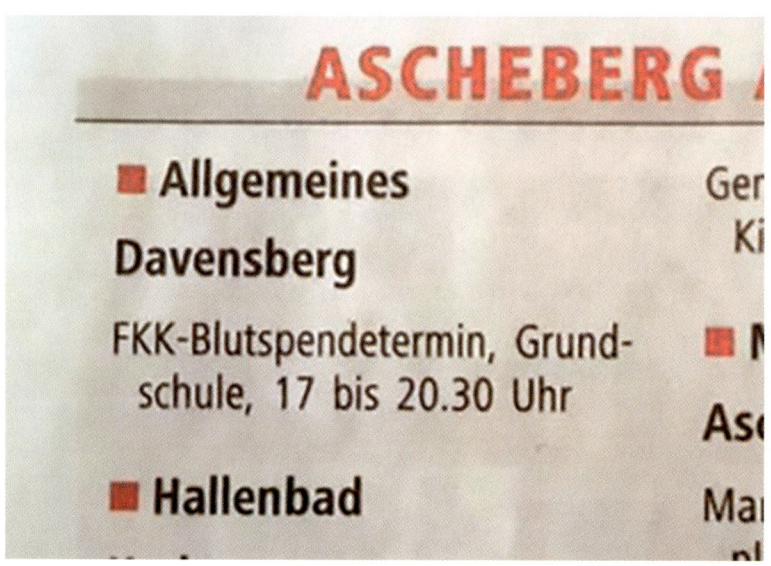

ASCHEBERG

■ **Allgemeines**

Davensberg

FKK-Blutspendetermin, Grund-
schule, 17 bis 20.30 Uhr

■ **Hallenbad**

Ger
Ki

■ M

Asc

Mar

Anders bekommt man die Leute ja heutzutage nicht mehr zum Blutspenden.

Coswig will 2020 fast schulenfrei sein

COSWIG. Der Schuldenstand der Stadt ist 2016 weiter ge- dung von Coswig deutlich unter dem Landesdurch-

Die Idee geht zurück auf eine Schüler-Initiative.

Attacke nicht überleben werden.", so Hanspeter Krüsi von der Kantonspolizei St.Gallen. Die Polizei stehe in ständigem Kontakt mit den Ärzten. "Sie tun alles in ihrer Macht stehende.", so Krüsi.

"Ich bin sehr froh, dass ich nichts gesehen habe", sagt eine Augenzeugin. "Ich wohne hundert Meter vom Bahnhof entfernt und immer wieder im Zug unterwegs. Es ist so traurig und beängstigend", sagt eine Augenzeugin. Man könne nicht verstehen, wie es soweit kommen konnte.

»Zum Glück wohne ich hier nicht in der Nachbarschaft«, sagte ein Anwohner.

Westfälische Nachrichten

Gestern um 12:23 · 🌐

Stell dir vor, es gibt einen bewaffneten Überfall und kein Polizist geht hin. So ähnlich ist es am Donnerstagabend in Westerkappeln gelaufen. Die Polizei wurde allerdings auch gar nicht gerufen.

Überfälle, von denen sie nichts erfahren, scheinen der Polizei in Westerkappeln vollkommen egal zu sein.

Schwerer Unfall auf A 27 bei Sebaldsbrück

Betrunkene rammt Auto - und schiebt es auf ihre Schwester

Eine Frau hat auf der A 27 bei Bremen-Sebaldsbrück betrunken einen Autounfall verursacht. Sie erwarten nun mehrere Strafverfahren - unter anderem, weil

Die Schwester verletzte sich zum Glück nur leicht am Rücken.

Obwohl das Verbrechen in der Egerländer Straße passiert ist, ermittelt die Polizei »in alle Richtungen«. Foto:

Die Polizei ermittelt in alle Richtungen, aber stadteinwärts nur bis zur Höhe Sachsenweg.

Hammer, die vom Magdeburger SES-Boxstall nach München zu Alexander Petkovic wechselte, erklärt: „Wir kennen uns von klein auf an. Unsere Eltern wohnten bei Kassel in zwei benachbarten Dörfern. So fanden wir zusammen, unternahmen als Teenager viel gemeinsam. In den Boxring ist er allerdings nicht zu mir gestiegen. Er war immer voll, auf Fußball fokussiert und sehr diszipliniert."

Hammer hat Mustafi zu ihrem nächsten Kampf am 15. Juli nach München eingeladen

Das Komma – das gefährlichste Satzzeichen der Welt.

NÜRNBERG

Maßnahmen greifen: Weniger Einbrüche in Schulen

NÜRNBERG - Heute 05:57

Einbruch in Hans-Sachs-Gymnasium: Diebe knacken Safe

NÜRNBERG - Heute 13:40

Problem endlich gelöst. Kampf gegen widersprüchliche Schlagzeilen erfolgreich.

Weihnachtsamnesie - Hunderte vorzeitig aus Haft entlassen

FR Panorama 3h // keep unread // hide // preview

Die Amnesie betraf allerdings nur den Pförtner am Gefängnis-Eingang.

Glück beginnt auf einer Zugfahrt

Windischeschenbach. (zer) Heuer fällt der Hochzeitstag genau auf das gleiche Datum wie vor 50 Jahren. **Heidrun** und **Manfred** ▮▮▮ feierten am Freitag in der Stützelstraße 7 ihre goldene Hochzeit. Bürgermeister **Karlheinz Budnik** kam um die

Das kann ja kein Zufall sein.

Jungen, die circa sieben Jahre alt sind und ein südländisches Aussehen haben. Einer von ihnen trug ein dunkelblaues Oberteil und ein weiterer ein Fußballtrikot. Die Polizei warnt vor einem solch gefährlichen Verhalten. S sucht nun weitere Zeugen sowie Geschädigte, die Angaben zum Sach-

Die Polizei warnt: Bringen Sie sich nicht unnötig in Gefahr. Tragen Sie bitte kein dunkelblaues Oberteil – und erst recht kein Fußballtrikot.

KORREKTURKASTEN

In unserer Ausgabe vom Dienstag sind unserem Mitarbeiter auf der Seite 12 im Beitrag über das Schützenfest in Stecklenberg leider gleich mehrere Fehler unterlaufen. Der 1. Vereinsvorsitzende des Harzer Schützenvereins Steckienberg heißt Heiko Krebs. Georg Baars ist der 2. Vorsitzende. Ehrenvorsitzender des Vereins ist Günther Baars. Volkhard Müller ist in diesem Jahr Schützenkönig geworden, die Schützenkönigin ist Sabine Lazarek. Günther Mechel lautet der richtige Name des Schützenvereinsvorsitzenden von Friedrichsbrunn. „Die Lauenburger" ist zudem nicht der Name eines Frauenchors, sondern der Trachtengruppe Stecklenbergs. Wir bitten, die Fehler zu entschuldigen.

Und dann möchten wir uns noch einmal im Namen unseres Mitarbeiters für das Freibier bedanken.

Gleich bei seinem ersten Gespräch mit Gott soll Helmut Kohl gesagt haben:
»Würden Sie bitte aufstehen. Sie sitzen auf meinem Platz.«
So musste er nach knapp drei Stunden zurück auf die Erde.

Geldkassette mit 450 Euro weg

WADENDORF. In der Nacht von Samstag auf Sonntag drang ein Unbekannter durch ein Fenster im Erdgeschoss ins Feuerwehrhaus ein und stahl eine Geldkassette mit 450 Euro. Der Schaden beträgt 200 Euro. red

Die Diebe konnten später gefasst werden. Sie hatten versucht, zwei Hunderter aus der Kassette für 80 Euro an einen Trödler zu verscherbeln.

Ein unbekannter Jugendlicher hat am Freitag gegen 11.15 Uhr zwei Grundschüler im Alter von zehn Jahren auf dem Nachhauseweg angesprochen. Dies wurde am Montag der Polizei Plattling mitgeteilt.

Die Polizei ermittelt wegen Kommunikation mit Minderjährigen.

hiesigen Sieger vor der «Gerry Weber Open» gesetzten Ho... sich... drängel an den vielen Ständen mit Currywurst, Lachs-Canapés, Bier und Grauburgunder. Party bei der Musik-Bühne, wo Amy Macdonald oder Sportfreunde leiser singen. Ist der Jahrmarkt ...gibts eigentlich ...und da- Rück...cke zu den Entsp... hofiert... ser A... nier... si...

Ach, was. Im letzten Jahr war ich noch da. Da haben die leblosen Hosen gespielt.

Fahndung konnte die Polizei laut Angaben der Staatsanwaltschaft kurze Zeit später einen Tatverdächtigen in der Freien Strasse festnehmen. Der 32-jährige Deutsche hatte eine Schreckschusspistole mit Munition, einen Pfefferspray, einen Taser, Drogen sowie seine Ehefrau bei sich. Die Kriminalpolizei sucht die weiteren Schützen.

Die Polizisten zwangen ihn, seine Hände zu heben und seine Ehefrau vor sich auf den Boden zu legen.

Die Kieler Kriminalpolizei veröffentlicht jetzt ein Foto der auffälligen Jacke, die der 24 Jahre alte Tatverdächtige des versuchten Tötungsdelikts vom 16. Oktober getragen hat. Die Beamten erhoffen sich dadurch Hinweise, wo der Mann im Zeitraum zwischen der Tat und seiner Festnahme war.

Wer diese Jacke kennt oder sogar Besitzer ist, sollte sich bei der Polizei melden.

Der Polizei würde es schon helfen, wenn jemand Angaben zur Herkunft der Jacke machen könnte. Wer weiß, wo diese Jacken getragen werden? Wo könnte der 24-Jährige sie bekommen haben?

Ein Spaziergänger fand seine Leiche im Park - jetzt hat die Polizei Fragen an die Öffentlichkeit

21.02.2017, 09:55 Uhr
Beitrag von **News Team**

Spaziergänger macht grausige Entdeckung im Spiegel.

ORTSVEREIN Delegierte f

Die Hatter SPD ist der zweitgrößte Ortsverein im Landkreis. Zurzeit hat er Mitglieder.

SANDKRUG/D – Der SPD-Orts-

Immerhin.

Die Suhler freuen sich. Es ist die einzige Rangliste, in der sie an der Spitze stehen.

Der „Förderkreis Mülheimer Sport" heißt ab sofort „Mülheimer Sport Förderkreis". Diese Umbenennung gab der Verein im Zuge einer Neuausrichtung auf seiner Jahreshauptversammlung in der Sparkassen-Kundenhalle bekannt.

Mit dem Namenswechsel vollzieht der Verein den längst überfälligen Image-Wandel.

Mit kochendem Wasser verbrüht: Feuerwehr überrascht 2-Jährigen
wuerzburgerleben.de

Das hatte er sich schon immer gewünscht.

Betonfertigteilbauer stellen Fertigteile aus Beton her. FOTO: BETONBILD/TXN

Wenn man das Prinzip einmal verstanden hat, ist es eigentlich ganz einfach. Betriebswirt zum Beispiel – das ist der, der in der Firmenkneipe das Bier ausschenkt.

TELEFONUMFRAGE

Trauen Sie den deutschen Medien?

Nein	**17 %**
Ja	**87 %**

Diese Umfrage ist nicht repräsentativ
0,50 € / Anruf, dt. Festnetz nutzen! Mobil viel höher

Gegenfrage: Warum sollte man den Medien nicht trauen?

Mitte. Das Tageshaus
lbstbestimmt Leben im Al-
informiert über neue Pfle-
wohngemeinschaften im
en Lohmann-Carree. Ab
zember ist die erste der bei-
n Wohnungen zwischen
nigsbrügge und Prießaller
zugsfertig. Der Bezug der
iten ist im Frühjahr ge-
orgt, pflegt und unterstützt
as Tageshaus Menschen, die
ufgrund ihres Alters demen-
indert sind. „Mit einer kleinen, ambulant betreuten
Wohngruppe, die rund um die
Uhr versorgt wird, wollten wir
eine Alternative zu großen sta-
tionären Einrichtungen schaf-
fen", so die Geschäftsführ-
rung. Offene Türen und Infos
gibt es heute und kommen-
den Freitag, von 15 bis 17 Uhr
und am Freitag, 24. November, von 12 bis 17 Uhr an der
Detmolder 141 und 149. Tel:
(05 21) 96 75 08 30.

Autofahrer hebt ab und landet auf dem Dach

Unkontrolliert: Ein 78-jähriger war in Richtung Jöllenbecker Straße auf der Voltmannstraße unterwegs, als sein Auto von der Fahrbahn abkam, gegen einen Baum prallte und sich überschlug

■ **Gellershagen.** Ein Autofahrer ist gestern Vormittag auf
der Voltmannstraße schwer
verletzt worden. Der Unfall er-
eignete sich gegen 11.45 Uhr.

Der 78-jährige Bielefelder
war mit seinem VW Tiguan in
Richtung Jöllenbecker Straße
unterwegs. Auf Höhe der Straße Rottmannshof geriet er nach
links von der Fahrbahn ab. Er
prallte gegen die mit Beton-
platten eingefriedeten Grünstreifen, der dort die Fahrbahn teilt. Durch den starken
Aufprall hob der Wagen von
der Straße ab und touchierte
einen größeren Baum, der in
etwa 20 Metern Entfernung
steht. Von hier driftete das
Auto dann quer über die Fahrbahn nach rechts und blieb am

Seitenstreifen auf dem Dach
liegen.

Wenige Minuten später wa-
ren Einsatzkräfte der Feuerwehr und des Rettungsdiens-

tes zur Stelle. Sie befreiten den
Unfallfahrer aus seinem total
beschädigten Auto. Noch vor
Ort wurde der 78-Jährige von
einem Notarzt versorgt und

dann schwer verletzt mit einem
Rettungstransportwagen in ein
Krankenhaus gebracht.

Die Unfallaufnahme und
Aufräumarbeiten gestalteten

sich für die Polizei aufwendig,
da sich die Unfallstrecke über
erste Kollisionspunkt am
Grünstreifen, der Aufprall am
Baum und das Liegenbleiben
auf dem Dach – über etwa 70
Meter erstreckte. Trümmer-
teile des Autos waren über die
gesamte Fahrbahn verteilt.

Die Polizei sprach von gro-
ßem Glück, dass unbeteiligte
Passanten nicht verletzt wurden. Wenige Meter vom der
Unfallstelle entfernt befindet
sich die Bushaltestelle Am
Rehwinkel. Zum Zeitpunkt des
Unglücks warteten keine
Menschen auf einen Bus. Warum der 78-Jährige die Kontrolle über sein Auto verlor,
müssen weitere Untersuchun-
gen klären.

Glück: Etwa zehn Meter von der Bushaltestelle Am Rehwinkel entfernt landete der VW Tiguan auf dem Dach. Glücklicherweise warteten zu diesem Zeitpunkt keine Menschen und einen Bus.   FOTO I XXXXXXX

nell am Quellenhofweg 35 ein.
Die „kleine, aber feine" Aus-
stellung öffnet am Samstag, 11.
November, und Sonntag, 12.
November, von jeweils 11 bis
18 Uhr.

Kreativ-Markt in der Nicolaikirche

■ **Mitte.** Zum alljährlichen
Kreativ-Markt in der Altstäd-
ter Nicolaikirche, der von vielen Ehrenamtlichen mit aller-
lei selbst gefertigtem Kunst-
gewerbe gestaltet wird, wird am
Samstag, 11. November, zwischen 10 und 17 Uhr eingeladen. Im „Kirchen-Cafe"
werden selbstgebackener Ku-
chen, Kaffee und Tee angebo-
ten. Kuchenspenden wer-
den gerne noch am Samstag
entgegengenommen. Der Er-
lös des Marktes wird für den
Erhalt des berühmten Ant-
werpener Schnitzaltares ver-
wendet.

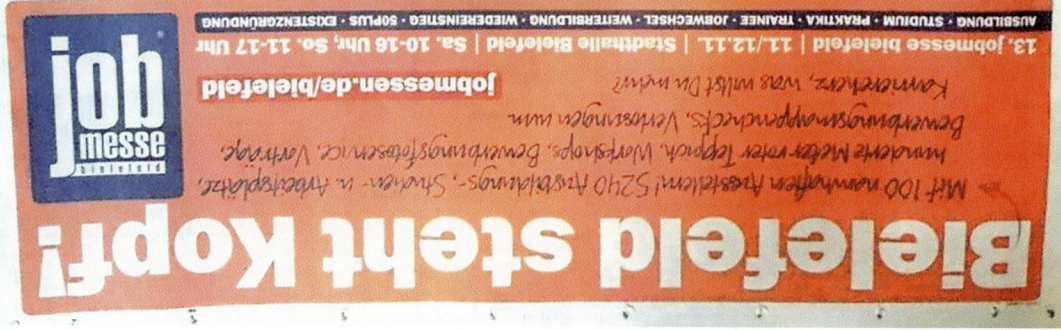

Ganz Bielefeld steht Kopf.

Dank

… an die Fans der Facebook-Seiten „Perlen des Lokaljournalismus" und „Kurioses aus der Presseschau", die die Ausschnitte für dieses Buch eingesandt haben.

www.perlen-des-lokaljournalismus.de

Weitere Meldungen aus Absurdistan

HEYNE‹

Ralf Heimann | Jörg Homering-Elsner

Lepra-Gruppe hat sich aufgelöst

Perlen des Lokaljournalismus

978-3-453-60362-2

HEYNE‹

Ralf Heimann | Jörg Homering-Elsner

Bauchchirurg schneidet hervorragend ab

Perlen des Lokaljournalismus

978-3-453-60409-4

HEYNE‹

Jörg Homering-Elsner

Polizei überwältigt Stofftier

Kurioses aus der Presseschau

978-3-453-60442-1

Was klingt wie Satire, hat so tatsächlich in der Zeitung gestanden: Es gibt einen Tag der offenen Tür im Gefängnis, ein Beinamputierter ist wieder auf freiem Fuß und der Schwerhörigkeits-Vortrag wird wiederholt. Beim Schießabend kann man nette Leute treffen, es gibt einen Schnupperabend in der Biogas-Anlage und die Stadt will mehr Nieten einsetzen. Ralf Heimann und Jörg Homering-Elser sammeln »Perlen des Lokaljournalismus« aus ganz Deutschland und haben schon über 275 000 Facebook-Fans.

HEYNE‹